AF260149

LE CONTRASTE

DE SENTIMENS,

OU

LE CITOYEN DELACROIX

EN PRÉSENCE

D'UN DÉMOCRATE.

PAR P. A. ANTONELLE.

Le peuple est souverain dans la république, et vous le faites sujet. Nous avons la république démocratique, et votre plan constitue l'aristocratie et conduit à la monarchie.

A PARIS,

Chez R. VATAR et ass. rue de l'Université, n°. 139 ou 926.

Pluviôse, an 3 de la République.

AVIS.

Au moment où Réal publia, dans le journal qu'il entreprend, une apologie du dernier ouvrage (1) du citoyen Delacroix, j'en étois moi-même à la première page d'un travail sur ce même ouvrage que je loue un peu moins.

Ce travail fini, je crus utile d'en faire un second, en forme de notice, qui pût mettre le lecteur à portée de mieux apprécier l'autre. La notice offre l'indication successive et l'idée générale de chacune des dissertations ou lettres qui forment le volume du Spectateur ; elles sont au nombre de soixante-seize, en n'y comprenant pas l'avertissement. Tout cela est fait à part, médité séparément, n'offre ni liaison ni suite, et ne forme point un tout, mais un simple recueil ; les différentes pièces n'en sont unies que par la ficelle qui assemble les feuillets de la brochure. *L'entretien* dénoncé, par

---

(1) Le Spectateur français, pendant le gouvernement révolutionnaire, par le citoyen Delacroix, ancien professeur de droit public, au Lycée.

exemple, ne peut rien communiquer ou prendre à tout ce qui l'entoure ; il n'a pas un sens divers, il n'a ni plus ni moins de force ou de venin , soit qu'on le laisse à la ficelle commune, soit qu'on l'en détache.

Réal se trompe, à mon avis, quand il pense qu'on ne sauroit bien *juger ce chapitre isolément, et qu'on ne peut prononcer que sur l'ensemble.* Il n'y a point d'ensemble, comme on le verra ; et l'on verra de même que l'*entretien* ne gagneroit pas grand chose à la manière de prononcer que Réal propose.

NOTICE RAPIDE

Des divers Écrits qui forment le volume du Spectateur français.

Au début même de l'auteur , et par le texte du premier discours , on reste convaincu qu'il se sait le meilleur gré du monde d'avoir constamment refusé de servir la révolution ; il n'en est pas seulement satisfait , il en est fier. La sagesse est de *ne s'attacher qu'à sa propre existence , de mettre tous ses soins à sa garantir,* &c. &c.——Ensuite il demande grace à tous les mécontens, au nom de l'assemblée constituante. Rien n'est plus lâche que ses excuses sur tout ce qu'elle a fait d'utile et de grand. Il appèle en revanche les haines et les fureurs sur la législature. Tous les membres en furent des misérables qu'il condamne à la terreur et aux remords, qu'il voue à l'exécration et à l'opprobre ——Après avoir fait dire tant de belles choses à l'ex-constituant, il l'appuie sur plusieurs points, il ne le réfute sur aucun. —— De là, il passe au portrait d'une fausse patriote , conçu de manière à le rendre commun aux véritables , pour les décrier toutes. —— Puis il met en scène un financier dont il fait très-bien ressortir les ridicules et les vices. —— Immédiatement après , un ancien magistrat auquel il donne de sages conseils. —— Plus loin, un prêtre , à l'occasion duquel il rappelle toutes les sottises du clergé. J'observe cependant que ce qu'il dit dans les trois écrits divers , sur chacune de ces professions , se réduit à de simples lieux communs. Le résultat en est qu'il est fâcheux pour elles d'avoir eu si peu de prudence , attendu qu'une sagesse commune eut suffi pour les préserver , et le Spectateur alors eut trouvé bon qu'on les conservât. —— Un zélateur de la révolution paroît , et le Spectateur ne manque pas d'en faire un personnage plus odieux et plus criminel que ceux qui la détestent. —— Il en tire l'avantage de l'apostropher, dans sa réponse, des plus abominables imprécations. ——Cela est suivi de la grande justification des philosophes qu'il veut à toute force soustraire au courroux des rois , des prélats , des nobles , des financiers , &c. Il conjure toutes ces puissances de ne pas rendre la philosophie et les philosophes responsables des afflictions et des maux que leur ont causé , que leur firent (il pouvoit ajouter, que leur feront encore) les principes de notre révolution. Il est humble , comme on voit , le Spectateur. Il fait amende honorable à tout ce monde là , pour ce terrible peuple français , qui , terrassant quelquefois le crime et l'iniquité , fut obligé d'être violent pour ne pas redevenir esclave. —— Un ex-noble vient à son tour , qui répète les éternelles complaintes des hommes de la caste , et fait des complimens d'écolier à monsieur le Spectateur , qui , de son côté , lui répond avec une morgue assez préceptorale , mais sans trop infirmer cependant les insinuations et observations malignes du plaignant contre - révolutionnaire. —— Un autre ex-noble lui succède ; long-temps conjuré dans l'ame , et se nourrissant *d'illusions* nationicides , mais qui ayant calculé qu'au-dedans ainsi qu'au-dehors les ressources de son parti sont épuisées , croit plus expédient de se *rendre* que de *combattre*, et le Spectateur le reçoit en grace comme *sincérement converti*. —— Le Spectateur se délasse ensuite à nous tirer une millième copie de cet affreux tableau des prisons, que chaque nouveau copiste charge et rembrunit encore ; et l'on voit bien qu'il veut moins nous faire horreur de ces cruautés mêmes, que de la révolution qui en fut le prétexte (1). —— Cette copie tirée, le voilà devenu secrétaire d'un *vrai républicain*, dont il a surpris la religion ; il nous adresse, en son nom, une petite mercuriale assez froide, et qui paroît sensée ; mais c'est toujours la continuelle et volontaire méprise d'un détracteur de la révolution, qui veut que les mouvemens d'un peuple en guerre pour conquérir et asseoir sa liberté, ressemblent au maintien calme d'un peuple qui n'auroit plus qu'à jouir et user avec sagesse d'une liberté dès long-temps acquise et consolidée. —— Après la lettre, vient un sermon contre les erreurs politiques, les passions violentes, le fléau de la guerre, les fausses et frivolles idées sur la divinité, etc. l'auteur le termine par une exhortation à *bien préserver notre ame de cette enveloppe corruptible à laquelle une existence passagère semble l'attacher*, etc. Rien n'est plus édifiant ! Cela, d'ailleurs, s'adresse à tous, et il n'y a rien là contre la révolution. —— Suit immédiatement une

---

(1) On peut y voir quel regard d'étonnement et de douleur il jette sur *cette REINE, cette SŒUR de ROI, ces princes du sang ROYAL, ces maréchaux de France, ces évéques, ces présidens, tout ce que la monarchie offroit de plus auguste par leurs titres!!* --- Mais il est sans pitié pour ces *représentans qui NE représentent PLUS QU'EUX-MÊMES, REDOUTENT les loix QU'ILS ont CRÉÉES, et partagent les oppressions, les TERREURS de ceux dont ils ont PROVOQUÉ la* détention.

lettre bien pensée et fortement écrite , sur le tribunal révolutionaire. Son impudeur , son attroce iniquité , sont retracés comme il falloit qu'il le fussent pour être profondément senties de tous , et nous en faire éternellement honte. Cette lettre honore Delacroix à mes yeux. On pourroit , sans doute , reprocher au Spectateur de n'avoir pas distingué les époques et les personnes ; mais cette institution , qu'on laissa corrompre , dégénéra d'une si horrible manière ; elle fut subjugée par de si exécrables meneurs ; elle mérita si bien d'être enfin nommée le couperet de Robespierre ; elle a gravé dans toutes les ames sensibles , dans tous les esprits recueillis , de si désespérantes impressions , de si amers et inéfaçables souvenirs, qu'on ne veut pas relever dans ce vigoureux tableau des généralités dont on ne redoute pas l'application. Il avoit été , pendant un temps , juré de ce tribunal, celui qui parle ; il a eu sans doute à faire , en cette qualité , quelques déclarations qui comprimèrent son cœur , on le sait bien ; mais aucune ne tourmenta sa conscience. —— Le discours qui succède à l'énergique lettre , est d'une sage philantropie ; mais cela n'autorisoit pas le Spectateur à dire qu'*il sert ainsi la république plus utilement , et a plus de droit à son estime que les patriotes* , qu'il qualifie d'*impitoyables* , et qu'il accuse de ne servir la république et la révolution que par *leurs injures , leurs menaces et leurs délations.* Quel est donc le sentiment injuste qui fait apprécier ainsi les patriotes , ou quelle est cette affectation d'honorer du nom de patriotes ceux qui mériteroient en effet d'être appréciés ainsi ? Les vrais patriotes sont *philantropes,* et savent l'être au profit du peuple, ce qui est la vraie *philantropie.*---
Une jeune ex-noble adresse au Spectateur , un persiflage assez leste , mais sans amertume , sur les bisarreries, les

tout-à-coup et les coup-sur-coup de l'imbroglio révolutionnaire ; le spectateur est ravi du persiflage , et répond
fort galamment à l'aimable citoyenne. —— Ses réflexions
sur les NOUVEAUX *nobles* , qui commencent le discours
suivant ; —— la lettre excessivement ridicule qu'il se fait
écrire par un de ces NOUVEAUX *nobles* ; —— les quatre
lignes de la plus sèche dureté dont il assomme ce véritable
fou , qu'il avoit créé trop extravagant pour qu'il lui fût
permis de ne pas le plaindre , tout cela m'a paru hors de
mesure et sans utilité comme sans franchise. Les deux
autres ex-nobles qu'il avoit déja mis successivement en
scène , l'avoient trouvé beaucoup plus accomodant , ainsi
qu'on l'a vu , quoi qu'ils fussent plus condamnables ; mais
c'étoient d'*anciens* preux ! —— Il cause un moment avec
un avare , à qui il répète l'inutile leçon que tous les mo-
ralistes de la terre ont fait et feront encore aux avarés.——
Il se saisit ensuite , en le faisant revivre , d'un homme de
lettres qu'il paroît avoir cordialement détesté , parce que,
de son vivant , il fut patriote. Il s'étoit dévoué à la révolution ; il lui sacrifia ses goûts , ses jouissances , ses ha-
bitudes , ses moyens d'existence même ; il la servit de
son zèle et de ses talens. C'est sur cela même que le
spectateur lui adresse , avec une insultante dureté , les plus
odieux reproches. On est révolté de l'orgueilleuse et bar-
bare insensibilité de cet homme qui , toujours plus satisfait de cette sagesse d'esprit qui lui commanda de ne pas
servir la révolution, rit insolemment des malheurs de son
confrère , l'insulte après sa mort, fait de sa mort même,
qui fut une mort de misère et d'affliction , l'objet d'un
froid persifflage. Il paroîtroit , d'après ce que je viens de
connoître , que c'est de l'infortuné Champfort qu'il a voulu
parler. —— Pour se réconcilier avec son lecteur , nécessai-

ment indigné , le Spectateur lui présente aussi-tôt le plus beau sujet de dissertation. —— *De l'énergie populaire* , crie-t-il le plus haut qu'il peut ; et cela produit une petite facétie en trois pages , où le dessein non équivoque de l'auteur est de refroidir , en les raillant , *les mercenaires et la multitude triomphante* , et de mettre le feu sous le ventre des anciens *dominateurs* , qu'il relève et pique au jeu de toute sa force. Cela finit par son *opinion sur la lutte entre les deux partis* ; (J'en parle dans mon *entretien* avec monsieur *le professeur* , ainsi qu'on le verra) Il nous présente ensuite une ex-religieuse, dont il fait la personne la plus raisonnable, la plus édifiante de toute sa famille, et qui se maria , parce que Dieu fit la *stérilité* pour les *méchans* , afin qu'il n'y en ait bientôt plus ; et la fécondité pour les *bòns* , afin qu'il y en ait toujours davantage. C'est le spectateur lui-même qui détermine l'ex-religieuse, par ce judicieux motif. —— Le discours qui vient à la suite réunit tous les caractères d'un orgueil insultant, d'un égoïsme dur, d'un mépris mêlé de haine pour les révolutionnaires, la révolution et ses victimes ; d'une joie féroce sur le supplice de Danton et autres ; d'une satisfaction révoltante à la seule idée des transes, des malheurs et des tourmens du très-respectable Condorcet , et des cent législateurs *que les remords déchirent dans leur fuite et au milieu des horreurs de leur prison.* Ce sont ses propres expressions. Je suis sans *pitié* , dit-il... Ah ! on le voit assez. —— Après cela, vient la petite historiette d'*une femme qui a usé de la loi du divorce* , arrangée de manière à décrier cette loi, par la vue de ses inconvéniens , comme si toute institution n'avoit pas les siens. —— Puis une autre femme à laquelle il découvre le grand secret du *balancier* (p. 122.) pour qu'elle nous pardonne nos vic-

(11)

toires, etc. ——— Puis une autre femme encore, qui écrit,
sous sa dictée, une lettre à son fils émigré, pour que
lui et les siens, s'établissant négociateurs entre la France
et les gouvernemens qui ont armé contre elle, nous fassent
obtenir *une paix si desirée*, en reconnoissance de laquelle
ils seront rappelés, rétablis dans leurs droits, rendus aux
embrassemens de tout ce qui les regrette. C'est un simple
calcul de famille. Du reste, pas un mot de condamnation et de reproche sur le crime nationicide ; mais des re-
grets de leur imprudence, et la douloureuse expression
des maux qu'ils ont attiré sur eux et leurs proches. ———
Autre discours, où l'on nous parle en termes fort tou-
chans, *de rois, de princes*, et autres ILLUSTRES *morts*,
dont les républicains *ont* RENVERSÉ *les* STATUES *ou* DIS-
PERSÉ *les* CENDRES, et où l'on prend la peine de justifier des hommes à jamais chers et recommandables, qui
n'ont nul besoin qu'on excuse leurs ouvrages : Voltaire,
Montesquieu, J. J. Rousseau, Corneille, Mabli, Raynal,
Fénélon, Racine, Helvétius, Diderot, Dalembert, etc.———
Il est, on le sait trop, des individus assez malheureuse-
ment organisés pour ne pouvoir plus supporter de vivre
dans une association d'hommes-frères qui se régénèrent en
neutralisant au milieu d'eux tous les poisons de l'inégalité.
Le Spectateur, à qui cette aimable et fière répugnance,
dont les motifs sont si purs et les effets si bons, déplaît
beaucoup moins que la démocrate égalité, se constitue
un moment le législateur du peuple français, et lui dicte
une loi dont l'esprit et les dispositions nous conduiroient
doucement, mais infailliblement, à la sanction nationale
du crime d'émigration. ——— Ici le spectateur entreprend de
nous offrir le modèle du *républicain, du vrai patriote,* etc.
il n'a garde de nous l'offrir sous la bure du pauvre,

ni de le trouver parmi les serviteurs du peuple et les amis de la révolution. Cet homme, loin de l'aimer, n'y a vu long-temps qu'*un délire national*; *il avoit*, au surplus, *trente mille livres de rente, et ne se croyoit pas assez riche.* Cependant, après avoir calculé que le changement de nos mœurs le rendroit en effet *plus riche* et plus satisfait, par la *diminution de ses dépenses* et l'heureux emploi de sa fortune, *il se rapproche de ses semblables*, et pardonne à la révolution, qu'il avoue être *la cause de ces prodiges.* Passe pour cela, sur-tout si le tableau, plein d'intérêt, de cette conversion fictive, nous vaut beaucoup de conversions réelles. —— Je laisse de côté la lettre d'une femme comme il y en a trop, et la verte réponse du Spectateur; cela est détaché comme une pièce hors-d'œuvre. —— Il va parler *du supplice d'un grand coupable*, qui, depuis six mois, n'est plus; mais ce sera pour nous animer d'un esprit de rage contre la masse des révolutionnaires qu'une haine aveugle poursuit. Je ne sais si c'est là ce que Réal appelle de l'*onction*; j'y trouve moi les bouillonnemens de la fureur, les calomnies de l'imposture, l'épuisement du vocabulaire des vengeances; et cela se termine par deux pages d'horreurs contre deux représentans du peuple, accusés et détenus, dont l'un (David, le peintre) reconnu pur aujourd'hui, a repris son rang au sein de la Convention nationale; et l'autre, encore dans les fers, sous le poids de dénonciations effroyables, proteste contre leur fausseté; et monsieur le spectateur, qui certainement n'a pas connoissance des preuves, pour ou contre, n'auroit, dans aucun cas, le droit de le proclamer ainsi criminel à l'avance, et d'afficher sa condamnation, avant qu'il n'ait été mis même en cause.

C'est pourtant ce qu'il a fait. Il termine ses longues

exécrations par cet horrible vœu : —— *Puissent ces deux* ENNEMIS (1) *de l'humanité, après avoir été* DÉCHIRÉS *par les remords,* appaiser les ombres *sanglantes dont ils sont environés par le supplice que leur* PRÉPARE la VENGEANCE NATIONALE ! Je ne sais pas encore si c'est là ce que Réal appele la DOUCE HUMANITÉ *du républicain, amant de l'égalité,* (2) qui nous défend *la* VENGEANCE , et *veut que le sang* NE COULE PLUS.. Et ce n'est pas à beaucoup près le seul passage que je pourrois citer. Delacroix est tout emsemble de miel et de fiel ; il répand le premier sur l'aristocratie et ses œuvres ; il couvre de l'autre la révolution et les révolutionnaires. —— Viennent ensuite cinq pages de redites usées, en forme de reproches et de conseils, sur une société dissoute. —— Le spectateur enrichit sa brochure de *l'extrait d'un ouvrage* intéressant *présenté au comité d'agriculture par le citoyen Pandin de Narsillac.* ——Il a replis ses forces dans le loisir que lui donnoit le travail de l'autre , et le voila qui revient sur nous armé de deux belles lettres à la louange de ce qu'on appela les *modérés.* Les révolutionnaires ont toujours tort avec lui tant que dure une révolution ; les contre-révolutionnaires seuls sont toujours excusables , toujours intéressans , et les neutres extrêmement louables. Ce n'est pas la peine de s'appesantir ici sur cette perpétuelle escobarderie de tous nos détracteurs , qui ne manquent jamais de nous établir dans une situation de choses précisément opposée à la véritable , afin d'y puiser bien à l'aise , les

----

(1) Cela est faux de David ; cela n'est pas encore prouvé de l'autre.

(2) C'est de l'auteur du Spectateur que Réal nous dit tout cela.

raisonnemens, les règles, les définitions, les préceptes, les plus propres à décréditer, à rendre odieux ou ridicule, tout ce qu'ont pu faire ou dire les sincères et plus dévoués serviteurs d'un peuple qui commanda la révolution, et qui, certes, avoit besoin qu'elle se fit. Cette ruse pitoyable réussit encore quoique très-connue ; mais je n'ai pas le courage de m'y arrêter : je manque toujours de force contre ce qui me dégoute.——J'en aurois de reste, pour relever ce que présente d'excessif dans deux sens opposés le chapitre suivant, où le Spectateur présente, d'une part, les 94 Nantais, et, de l'autre, le comité révolutionnaire dont on a tant parlé. Je dirai, et très-naïvement, quelle est mon opinion sur les deux procès célebres dont j'ai suivi régulièrement les séances. Mais, en attendant, et toujours pour mieux prouver à Réal que *le Spectateur ne veut plus que le sang coule*, je vais transcrire ici quelques lignes de ce même spectateur, relativement à ce comité, dont très - certainement, il ne pouvoit, alors sur-tout, se former un idée que d'après les journaux qui entretenoient le public du premier des deux procès:——*L'entendez-vous dans sa* JUSTICE, ... *ce* PEUPLE *franc et généreux,... demander à* GRAND CRIS *la punition de cet odieux comité qui a* SURPASSÉ *en lâche cruauté ce que l'antiquité offre de plus* EXÉCRABE *en puissance........ Et ces* CRIMINELS *respirent* ENCORE !! *O mes concitoyens*, &c. Observez, qu'à l'époque ou le *spectateur* parloit ainsi, le comité n'avoit pas même encore comparu en jugement. Observez, qu'à l'époque où il imprimoit, ce même comité venoit d'être solennellement acquitté, et que Réal, défenseur de *ces criminels* acquittés, avoit annoncé dans les papiers publics qu'il alloit faire imprimer leur défense. Il a jugé plus utile, sans doute, d'offrir à l'admiration des républicains édifiés , l'apologie du *Spectateur* qui , à raison de son ouvrage même , lui paroît *un amant de l'égalité.* —— Le Spectateur quitte les Nantais pour tomber une seconde fois sur la société dissoute qu'il maltraite sans pitié. Il lui impute tous nos maux ; mais en revanche , c'est au champ de mars qu'il couronne *Bailli* du laurier civique ; et c'est le *Roucher* , écrivant contre le peuple dans le supplément du Journal de Paris (1) qu'il préconise. C'est sous ces deux points de vue qu'il les trouve recommandables. —— Il est bientôt saisi d'un autre accès ; et , se cachant derrière un savant instituteur , très - mécontent de tous et fort content de lui-même , il débite avec beaucoup d'aigreur un petit rechauffé satyrique , où , selon l'éternel usage des esprits chagrins , il ne voit que le mauvais coté des réglemens les plus nécessaires , et retrace , en les exagérant de son mieux , les abus qui sortoient en ce genre d'un état de révolution. J'observe encore , qu'à l'époque où il imprimoit, ces abus étoient ou supprimés , ou réprimés et fort adoucis. —— Il parle ensuite de Marat et de Mirabeau ; et ce discours, tout ingénieux et raisonnable qu'il est , ne couvre pas l'oreille entière du détracteur de la révolution. J'ai cru du moins entrevoir le bout de cette oreille vers la fin du chapitre, où la révolution n'est plus que l'œuvre des ressentimens et de l'orgueil de Mirabeau. Cette petite perfidie , quand on la publie , et sur-tout dans les circonstances actuelles , n'est pas seulement d'un modéré , mait de quelque chose de mieux.——Voila *Catherine*

---

(1) Ceux qui , pendant la durée de la session de l'assemblée législative , auront lu ce supplément , verront bien que je n'en dis pas trop. *Chénier - Gracchus* lui - même , aujourd'hui *Chénier- Thimoléon* , écrivoit contre le *Timophane* de ce supplément.

(16)

Théos, et l'extravagante secte des illuminés, et la fable
non moins extravagante de leur grande conjuration ! ! ....
Passons - cela.... —— Que va nous dire cette femme char-
mante, spirituelle et sensible, que le souvenir des doux
passe - temps de cette prison où l'enchanteresse égalité
couvroit et embélissoit tout de sa naturelle magie occupe
encore, et qui s'y reporte sans cesse en esprit, et qui
ne peut plus supporter l'ennui, la langueur d'un monde
où la bonhommie est encore étrangère !.... Oh ! qu'elle
est aimable et sensée cette femme qui craint d'être bisarre !
Il faut pour-tant, qu'à tout prendre, il y ait quelque
chose d'excellent dans le cœur et l'esprit d'un homme
qui crée une telle femme, et la fait écrire ainsi, et lui
répond si bien ! Dieu vous le rende, monsieur le Spectateur, ou plutôt, Dieu vous la donne, pour tout le bien
que vous venez de me faire ! —— Que voulez-vous que je
fasse, dans la disposition où me voilà, de votre *entretien*
avec l'ennemi irréconciliable des constitutionnels ? (1) Oh !
bien irréconciliable en effet, et tout-à-fait injuste : mais
au lieu de lui répondre en philosophe égoïste, il eut fallu
parler en philantrope démocrate.——Eh ! bien, voilà encore
une délicieuse lettre !... Dites - nous si *Julie* a été la
reprendre. Je suis au-reste du même avis que celui (1) qui
l'a tant aimée, et qui sans doute l'aime encore. *Protec-*
tion aux enfans des muses, indulgence aux amants.....
Je signe la pétition.——Et de bonne fortune, un membre
de la Convention nationale se présente à nous qui se
chargera de la faire valoir. Je vous laisse avec lui,

---

(1) C'est un militaire, ex-noble, riche, royaliste, et qui se
donne carrière contre la révolution.

(2) Encore un ex-noble.

et

et ne tarderai pas à le remplacer pour le grand entretien (1) , dans lequel nous examinerons ensemble votre
plan de restauration publique. —— Cet *entretien* ter-
miné , le Spectateur introduit sur la scène une jeune
ex - noble qu'il s'étudie à rendre extrêmement intéres-
sante , par toutes les circonstances de sa position ,
par la réunion des plus touchantes vertus , et cela ne
sert qu'à jeter de la défaveur sur les loix qui la font
gémir; loix affligeantes , sans doute , mais nécessaires ,
révolutionnairement justes , que la ci-devant caste avoit
elle-même rendues indispensables, et dont il étoit pour
le moins inutile de nous entretenir. —— Dans le *discours*
sur les triomphes de la république , l'auteur imprime ce
qu'avant lui tout le monde avoit dit mille fois , et ce
qu'il n'a pas grand mérite sans doute à publier enfin aujourd'hui. Mais, voyez s'il sait exprimer l'indignation d'un
républicain , contre les ci-devant princes du sang royal,
et autres chefs principaux , qui avoient juré l'asservisse-
ment de la France , ou l'extermination des Français ! Et
cependant, il sait bien trouver les expressions de l'extrême fureur , quant il s'agit des révolutionnaires seulement accusés; et cependant , le crime des premiers est
le plus grand , sans doute, comme il est aussi la première
cause de tous les autres. Il n'a garde de nous parler d'amnistie pour les révolutionnaires , que le saint enthousiasme
de la liberté , les trahisons ou l'acharnement inique de ceux
qui la combattent, une longue tempête et d'affreux orages,

---

(1) C'est principalement sur cet *entretien* que l'ouvrage du citoyen Delacroix a été dénoncé. Le discours qui le renferme commence à la page 229 , et finit à la page 244. J'en parlerai beaucoup
dans le petit écrit qui suit cette notice.

B

précipitèrent dans des excès , égarèrent un moment sur les moyens de la servir ; et il offre cette amnistie aux enfans dénaturés qui , depuis six ans , suscitent en tous lieux des ennemis à leur patrie , et nourrissent le vœu de la voir en flammes. Non , cet homme ne sait pas haïr les TRÈS - NOBLES et superbes ennemis de la liberté ; il ne sait pas haïr l'orgueil féroce dans les hauts rangs ; il perce , dans son écrit, je ne sais quel intérêt de souvenir, quel fond de respect servile pour les ci-devant grandeurs (1) , qui ne lui permet pas d'abhorer leurs forfaits ; il en porte au fond de l'ame la continuelle excuse ; il est tout prêt à les oublier, non pour le plaisir généreux et si doux de pardonner, mais parce qu'il les sent foiblement. Il ne veut

-----

(1) Ouvrez le livre à la page 72 , seul endroit où l'on retrouve Antoinette. Que nous dira-t-il de cette femme criminelle ? ---- *Que de grandeur j'ai vu s'anéantir !... La compagne du dernier de nos ROIS , celle qui partageoit sa GLOIRE.... la descendante de tant d'EMPEREURS et de MONARQUES, réduite à cet excès d'HU-MILIATION..... J'ai BAISSÉ les regards ,* etc. Et ailleurs, (page 254) : *Ces deux frères IRRITÉS , plongés dans une nullité si honteuse qu'il eut mieux valu boire la honte* (c'est le sens) *du titre de simple citoyen.* Et auxquels il reproche, non leur scélératesse, mais leur impuissance *à VENGER les AFFRONTS faits à une COURONNE dont L'ÉCLAT se répandoit sur leurs tétes,* etc. Plus loin, page 256, en parlant du traître Condé : *Le descendant d'un des héros de la France n'a pas ENCORE perdu tout L'ÉCLAT de son nom ; mais il en éprouve tous les revers ,* etc. A la page 258, voulant fléchir *l'orgueil des émigrés par les conseils de l'expérience et de la raison,* ne les prie-t-il pas, en termes équivalens, de nous *donner la paix* après nous avoir *donné la guerre ?* et, dans ce même chapitre, enfin, ne réserve-t-il pas tout ce qu'il a de vigueur et de haine pour les grandes fureurs de la péroraison qui, je le répète, ne s'adresse pas aux émigrés ?

être rigoureux, il ne se montre implacable, je le répète, que contre les égaremens, la présomption, les écarts, les excès, peut-être, ou les crimes non encore prouvés, des plus ardens, plus infatiguables et plus dévoués artisans de la révolution. Voyez le dernier paragraphe du discours (p. 259 et 260.) Il est rigoureux, certes, ce paragraphe ! aussi n'est-ce pas contre les émigrés, ni les princes, ni les fiers amis des rois qu'il est dirigé. Et voilà toujours l'homme (selon Réal) *dont la douce humanité conduit les pinceaux . . . .* qui ne veut pas *exciter les vengeances . . . . qui veut*, au contraire, *qu'il ne coule plus de sang.* Voyez encore ce long cri de carnage (depuis la fin de la p. 272 jusqu'au tiers de la p. 274) qui commande un véritable égorgement, sous les plus vagues désignations. *Les rebelles* (1) [cela s'applique sur-tout aux jacobins, après l'époque de leur dissolution, comme le sens de la phrase l'indique] . . . . *ont voulu le règne de la terreur ; eh bien, qu'il* SUBSISTE POUR EUX SEULS ! *Il ne s'agit que de* BIEN APPLIQUER *les* MOTS *aux* CHOSES, *et* TOUS *les gens* HONNÊTES S'ENTENDRONT . . . . *Le gouvernement révolutionnaire doit tourner son glaive vengeur contre ces* TIGRES . . . . . . JUSQU'A PRÉSENT, *il n'a immolé* QUE *de* PAIISBLES ANGEAUX, etc. C'est à la fin d'une petite instruction sur le commerce et l'agriculture, que le philantrope Delacroix se commande ce mouvement d'une sainte fureur. —— Et il ne s'en tient pas là ; les deux lettres suivantes (de la

___

(1) Non pas ceux de la Vendée ; ils nous ont fait trop de mal pour qu'il les insulte. Le Spectateur en parle une seule fois vers la fin de son ouvrage, et assurément Charrette et la Catilinière signeroient le passage qui entier condamne les républicains.

pag. 274 à la pag. 281) sont une longue reprise de diffamation , terminée par des imprécations assassines. On y porte à ce qu'on appele le peuple un défi , nettement prononcé , de rendre aux jacobins *les maux dont* ILS *l'ont* ACCABLÉ..... On lui commande d'épuiser sur eux TOUTE L'ENERGIE *de sa haine avant de redevenir bon.* On provoque ses dernières vengeances. Le peuple ! Ah ! comme on voudroit dérober sous ce nom pur , et couvrir de sa dignité , les honteuses et cruelles passions qu'on excite ! Tout le peuple est essentiellement jacobin (1) dans le vrai sens de ce mot , tel que doivent l'employer et l'entendre les hommes raisonnables et francs. Tout ami des principes et de l'égalité fut un vrai jacobin , qu'il en eût ou non la carte. Le peuple est donc , je le repète , essentiellement jacobin. Le peuple , par le simple et sur instinct d'un sens droit , comme par le vœu continuel de son cœur , tient invariablement aux principes , et , quand on ne l'égare pas sur les moyens d'en assurer le triomphe , il en suit , invariablement aussi , l'éternelle trace , sur le grand chemin de l'égalité. Si tel ne devoit pas être le terme de sa route , ce n'eut pas été la peine de l'entreprendre ; c'est bien alors , qu'il faudroit je le confesse , déplorer avec le Spectateur tous les malheurs de notre existence révolutionnaire , et tant de travaux , de périls, de tourmens ,

---

(1) Si cette dénomination , aujourd'hui superflue , donne des inquiétudes et peut sembler un mot de ralliement , eh bien , qu'on la supprime , mais sans la flétrir , et en continuant d'honorer la chose.

« Que ce nom soit caché , puisqu'on le persécute !
» Peut-être en d'autres TEMPS il FUT célébre assez ».

TANCREDE.

rendus inutiles. —— Le Spectateur joue bientôt un nouveau personnage ; il se fait épouse et mère ; son fils et son mari viennent d'ère mis en liberté.... *Eh ! qu'aviez-vous donc fait à* CETTE *république qui nous* PROMETTOIT *le* BONHEUR *, pour* QU'ELLE *nous rendît si* MALHEUREUX ! Et tout ce qui s'ensuit. Je ne cesserai de dire que, vu l'esprit qui travaille encore un assez grand nombre de citoyens , et dans cette ébullition des fermens de ressentiment et de haine , il ne faut pas, si cela peut se dire , rapprocher et renflammer les braises ; mais détiser le feu. Cette considération qui paroît influer quelque-fois sur la manière du Spectateur , l'abandonne trop souvent , et même un peu dans cette lettre ; beaucoup moins , cependant , que dans plusieurs autres parties du recueil.——J'en dis autant du discours qui vient après , et qui n'est, pour le surplus , que la proposition de plusieurs réformes qui ne se concilient pas toutes avec les besoins et les réglemens du gouvernement révolutionnaire. —— Autant encore sur les deux premières pages du discours suivant. Le reste, depuis la page 294 jusqu'à la page 332 , n'est relatif qu'aux Turcs et à leur gouvernement.——Son prétendu tableau de l'esprit public a les mêmes vices. Toujours des signalemens vagues , des imputations équivoques , exagérées ou calomnieuses ; des excitations indéfinies ; des arrêts de mort. —— Un détail assez malin de l'évènement du 19 brumaire. —— Un discours sur les Écoles-normales. —— Une lettre sur l'embarras d'une femme dévote , et la réponse du Spectateur.——Ah ! nous y voici donc encore pour la millième fois (1) et toujours sur le meme ton. Tous ceux qui se sont dévoués

---

(1) *Du gouvernement révolutionnaire*, page 366.

sont punissables... Plus ils eurent de zèle , plus ils doivent être détestés.... Plus ils eurent d'obstacles à vaincre , plus leurs erreurs et sur-tout leurs services doivent les rendre odieux.... Plus leurs succès furent grands , nombreux , continus , plus il paroîtront inexpiables !!... *Tous ces bons citoyens* , au contraire , dont la mollesse , l'égoïsme , ou l'orgueil ou l'avidité , ou les indéjouables artifices , ou l'opiniâtre résistance à la volonté nationale , rendirent indispensables des réglemens et des lois dont quelques coquins abusèrent , ceux-là , dis-je , doivent être flattés , caressés , appaisés , loués et remerciés. La révolution à tort ; les représentans du peuple ont tort ; tous les agens du peuple ont tort ; le peuple a tort ; la république a tort !... il semble arrêté dans un certain monde , et même parmi nos journalistes , qu'on ne se lassera pas de nous répéter quotidiennement des satyres aussi amères qu'injustes et virulentes , non pas véritablement de nos fautes , mais , à tout prendre de nos calamités et de nos besoins. Et l'on nous dira que *tous ces bons citoyens* vouloient en effet la révolution , quoiqu'ils l'aient infatigablement contrariée de tous leurs moyens , sans jamais la servir ; et l'on prétextetra que , s'ils vouloient en effet la révolution , ils n'en vouloient pas le gouvernement ; et eux seuls cependant avoient réduit nos représentans à la dernière et triste ressource de tout ce que le gouvernement révolutionnaire offre d'abusif ; car c'est eux qui tenoient la révolution en chartre , et la république dans la tourmente , et sous les orages.... Or, le pilote du salut public , gouvernant le grand vaisseau au milieu de tant d'écueils , battu par les flots d'une mère houlleuse , avec un équipage en partie mutiné , sous le feu de trente forbans , ne doit pas être comparé à cet autre pilote qui , conduisant le vaisseau dans ses ondes accoutumées , secondé par un équipage uni et docile , tient , sans le serrer , le facile gouvernail. Je voudrois pouvoir donner à cette vérité si simple , mais toujours méconnue , assez de formes diverses pour qu'elle pénétrât dans tous les esprits... Les passions la repoussent encore.——*Sur quelques beaux effets de la révolution....* Tel est le titre , et ce titre est une perfidie... Et tout l'éclat de la révolution immortelle s'efface sous ce triste pinçeau ; et tout ce qu'elle offroit de pur et de grand a disparu ;... et la *nation* s'y retrouve *ensevelie sous la crainte ;*... et on l'abreuve jusqu'au plus insuportable déboire , de souvenirs aussi honteux qu'amers ;... et , à l'ampoule près de quelques flatteries mises aux pieds de Legendre , (1) et de Pichegru , le décri est bénignement jetté sur la révolution même et sur les révolutionnaires. Le Spectateur ne voit plus qu'un seul moyen de faire excuser l'une et de nous laver de la honte des autres ; c'est de *composer un grand recueil de tous les traits de vertu , produits par* les loix de la révolution ou leurs abus , dans la personne de ceux qui ne furent pas révolutionnaires. Il voudroit que ce recueil, qui feroit sans doute le plus beau chapitre des *annales civiques* du parti de l'opposition, fût publié pour servir d'appui à celles que le comité d'instruction publique compose et fait circuler par ordre de la Convention nationale; d'autant que ces dernières n'offrent que le *recit de* CES *actes civiques dont la* PLUPART *ne sont peut-être pas plus* RÉELS *que la submersion héroïque ,* &c.

____

(1) Et l'on n'en parle avec éloge que pour se donner à soi-même carrière d'insolence et de fureur contre d'autres représentans révolutionnairement énergiques, que l'on traite avec la plus atroce indignité.

Observez qu'il n'a garde de revoquer en doute, aucun des *traits de vertu* de l'autre part ; il y aide au contraire et les rehausse. Ceux-là seuls, *en y attachant ses regards, le reconcilient avec l'humanité*, et il NE ROUGIT PLUS-*de lui appartenir*, &c. —— Il nous présente à la suite de ce discours, un petit calcul marchand sur les effets du *maximum*. Ce calcul est fondé, mais ce n'est qu'un côté de la question. Et cet homme, qui, ainsi qu'on peut le voir dans son chapitre du gouvernement révolutionnaire, ne veut croire ni à l'agiotage, ni à l'accaparement, ni à la nécessité instantanée des réquisitions d'hommes et de choses, ni au danger, à certaines époques, des provocations à la royauté, ni au crime du recèlement des traitres publics, ni à l'inconvénient majeur des intelligences entretenues avec les émigrés, et des secours clandestinement prodigués, &c. Ce même homme ne croit pas non plus à la cupidité mercantille. —— Il transcrit un excellent passage (1) de Sallaville, sur la liberté des opinions. —— Le Spectateur, *qui doit tout voir*, ainsi qu'il nous l'a dit, mais qui ne peut enfin regarder sans cesse, baisse les yeux en signe de recueillement, et clôt le volume par un petit prône plus magistral et plus chagrin que tout ce qui précéde.... On ne voudra pas lui rendre justice ;.... on ne sentira pas tout le mérite de son écrit ;... on ne lui tiendra jamais assez de compte de son courage à parler six mois après la mort du tyran ;.... et son air est rêveur et triste ;.... et jamais il ne sera satisfait, parce qu'il approfondit les sujets ;.... et nous nous sommes attirés les plus grands maux qu'il retrace encore ;.... et nous

----

(1) Extrait des Annales patriotiques.

en éprouverons de plus grands , parce qu'il ne sera pas
entendu ;... et il n'a pas été consulté sur la Vendée.
Voyez aussi comme on s'y est conduit ; et là-dessus il
nous répéte , après l'événement , ce que tant d'autres ,
après l'événement aussi , n'avoient pas manqué de dire ;...
et il nous commande la paix (1) par quatre pages de
complaintes ;... et il ordonne au gouvernement de restreindre les prétentions du peuple , d'enchaîner , par des
mesures sages , une nation légère ;.... et on ne remé-
diera à rien , quoiqu'il nous donne des moyens infaillibles
de tout réparer et de tout prévenir ;.... et il est fort
mécontent du peuple polonais : il ne s'en occupera plus ;...
et il a dans la tête un bel ouvrage sur les vicissitudes
des réputations , et il promet de s'en occuper pour l'instruction du peuple , *sitôt que ce peuple lui-même aura
renversé les idoles qu'il s'est créées.* Nous allons donc
en jouir s'il tient parole.

Voila , dans ses soixante - seize divisions , et sous le
rapport de la révolution , l'apperçu général de ce recueil
que Réal appèle un *corps d'ouvrage* tellement indivisible,
qu'*on ne peut prononcer que sur l'ensemble.* Je ne puis
être de son avis.

Si le lecteur n'est pas trop ennuyé , il peut prendre
connoissance de mon premier travail que je mets à la
suite de cette notice ; mon opinion sur l'ouvrage (2) y

(1) Deux mois avant la conquête de la Hollande.

(2) On voit assez déja , par cette notice , qu'il est un long
et diversifié témoignage de mécontentement et de haine sur la
révolution et contre les révolutionnaires. Raisonnemens , opinions ,
vœux , rapprochemens , observations , calomnies , doléances , pro-
jets , tout en un mot y est marqué au signe non équivoque de

est plus précisément exprimée, et sur-tout j'y résume fidèlement, après l'avoir analysé avec soin, *l'entretien* dénoncé, principal objet de la question que le public doit résoudre.

---

ce mécontentement, de cette aversion, du mépris même. On ne doit pas sans doute être repris de justice, et sur-tout corporellement, pour cela ; on est puni par cela même ; voila tout. ---- Quant à *l'entretien* dont je parle dans l'écrit suivant, c'est autre chose : on y verra, de la part de l'auteur, dans l'opinion, la méconnoissance expresse de la souveraineté du peuple ; dans le fait, la proposition publique et formelle de l'en dépouiller, dans l'intention ; le simple dessein de tâter, en quelque sorte, l'opinion publique, et tout au plus, si l'on veut encore, le desir naturel que son avis, jugé le meilleur, prévale. Il n'y a point là de *provocation*.

P. A. ANTONELLE.

25 pluviôse, an 3.

LE CONTRASTE

DE SENTIMENS,

O U

LE CITOYEN DELACROIX

EN PRÉSENCE

D'UN DÉMOCRATE.

Le peuple est souverain dans la république, vous le *faites* sujet. Nous avons la république démocratique votre plan *constitue* l'aristocratie et *conduit* à la monarchie.

Il est des hommes qui, soit qu'ils parlent, soit qu'ils écrivent, ne veulent qu'exprimer ce qu'ils sentent, ne savent dire que ce qu'ils pensent en effet. Si quelquefois ils ne laissent pas aller tont ce qui est dans leur cœur, du moins ils ne livrent jamais rien qui n'en vienne : il leur seroit impossible de mentir à leur pensée, pour la stérile jouissance de prendre empire sur la pensée des autres. Ces hommes-là sont faciles à juger ; on ne peut s'y méprendre, non plus qu'au véritable sens de leurs discours ; on les tient sitôt qu'on les écoute , à moins qu'on ne soit maîtrisé soi-même par ces préventions dont l'effet naturel est de nous ôter ou d'affoiblir en nous la faculté de connoître et de bien entendre.

Il est des hommes peu ressemblans à ceux-là. Ils écrivent et parlent doctoralement ; c'est leur goût naturel, c'est, si l'on veut, l'habitude de leur esprit ; ils ont la prétention d'instruire et je ne sais quel petit desir de dominer ; ils veulent toujours faire effet, produire un résultat, inspirer ou dicter une détermination ; chacun de leurs discours est une préméditation, la suite et la dernière donnée d'un véritable calcul.

Pour bien entendre ces derniers, il faut chercher à découvrir leur principale intention qui se dérobe sous la pompe des maximes ou l'artifice des tournures. Il sera donc nécessaire de bien reconnoître le but auquel ils vouloient atteindre, et la fin qu'ils se proposoient en publiant un écrit.

Monsieur Delacroix, par exemple, *moraliste* en titre de la section , et même en exercice, ainsi qu'il nous le dit ; *professeur de droit public au Lycée*, ainsi qu'il nous le déclare encore ; auteur de cinq gros volumes sur les constitutions politiques de l'Europe, ainsi qu'il veut bien le répéter souvent ; *publiciste consulté par bien des citoyens et par les comités de gouvernement*, ainsi qu'on peut le voir dans l'étrange dialogue dénoncé récemment ; Monsieur Delacroix donc a , certes, un but, lui , quand il publie un gros volume *pour servir de suite* aux cinq autres qui ont fait tant de bruit , et que j'ai un extrême regret de ne pas connoître ; et *ce but salutaire vers lequel tous les véritables citoyens doivent diriger leurs facultés et TENDRE LEURS PENSÉES* , le

voici précisément tel qu'il prend la peine de nous le
signaler. ——

« Dans ce moment, il est question de sauver la chose
» publique, de *préserver l'HONNEUR*, *la FORTUNE* et
» l'existence des *habitans* d'une grande nation ; d'établir
» un gouvernement stable ; de créer des loix avouées
» par l'équité ; d'assurer des subsistances à tout un peuple
» de faire cesser le fléau de la guerre sans compromettre
» la *dignité* de l'*empire* français ».

Dans tout cela, comme on voit, pas un seul mot de
la républiqu , pas un seul mot de la souveraineté du
peuple et de ses droits éternellement attaqués ou com-
promis, pas un seul mot de liberté, d'égalité, de constitution démocratique, &c.... J'aurais cru cependant
qu'il pouvoit en *être question*, *dans ce moment* sur-tout ;
car c'est tout cela, si je ne me trompe, qu'il importe
de *sauver* et de *préserver* ; et c'est encore cela qui, vi-
siblement et plus que jamais peut-être, est, de toutes
parts, audacieusement insulté. L'auteur remet sans doute
à nous en parler au jour peu éloigné où il *continuera*
à jeter sur le papier quelques traits de crayon ; c'est
du moins l'espérance que font naître les dernières lignes
de son *avertissement.*

Mais jusques-là nous voila réduits au gros volume où,
comme par gageure, l'on a eu l'art d'écarter sans cesse
ce qu'il paroît impossible d'oublier un seul moment. Il
faut donc, en attendant mieux, se donner le plaisir de
le parcourir d'un bout à l'autre, ne fût - ce que pour
voir comment l'auteur y satisfait, aux conditions de son
programme que je viens de transcrire.

e plaisir, qu'à l'instant même j'ai bien goûté, je
veux sans perdre de temps, le mieux *regoûter* encore, et

peut-être alors, inspisé par monsieur le *spectateur*, jet-
terai-je aussi *sur le papier quelques traits de crayon*
tout auprès des siens, pour leur servir d'ombre.

Je ressaisis le livre, et, l'ouvrant au hasard, mes
regards tombent et je les fixe sur le vingt-troisième discours, ayant pour titre les mots suivans : —— *Entretien*
avec un membre de la convention. Assurément ceci doit
être sérieux, et je dois y porter toute l'attention que commande un pareil titre.

Dès les premières lignes cependant, et comme voulant
exposer le sujet de *l'entretien*, l'auteur se fait à lui-
même ces questions un peu vagues. —— *D'où venons-*
nous ? que sommes-nous ? où allons-nous ? —— Sur
quoi il se répond à lui-même aussi : —— *Nous n'étions*
pas heureux. —— *Nous ne le sommes pas devenus.* ——
Peut-être ne le serons-nous jamais.

Si l'on en retranche le *peut-être*, je vois dans ce petit
nombre de paroles l'expression d'une destinée commune
et l'éternelle devise du genre humain : mais ce n'est
pas là répondre ; et comme un tel adage ainsi placé n'est
qu'une pédanterie insignifiante, les trois questions restent
entières ; apparemment l'auteur a voulu seulement les
mettre au concours, et nos publicistes pourront s'évertuer
à en rechercher la solution. Quant à lui, il ne s'en
occupe pas du tout : après les avoir posées, il les laisse-là.
L'entretien qui s'ouvre aussitôt ne les ramène point, et
roule tout entier sur des idées qui n'y ont aucun
rappport.

Le *député*, qui devient ici son interlocuteur, est un
de ses anciens amis, *estimable par son esprit et sa*
franchise. Cela lui a valu la confiance et le choix d'un
comité qui l'a *chargé* de venir consulter le publiciste

auquel l'univers doit ce bel *ouvrage sur les constitutions de l'Europe*, comme seul capable de tirer heureusement *la république de l'état de crise où elle se trouve.* —— *Que nous conseillez-vous de faire pour en sortir*, lui dit le *député* ? «C'est sur cela que je vous *interroge*, au nom du *comité* qui m'envoie.

Aux premières instances qu'on lui fait ensuite, l'auteur garde le silence. On les répéte, il s'obstine ; on insiste, il hésite ; on devient pressant, il fait le modeste ; on revient à la charge, il joue l'effroi ; on le calme, on le tranquillise, on l'encourage, il chicane, il argumente, il ne peut s'y fier…. On parvient cependant à le rassurer ; et le jeu de ces petites manières se termine par la confidence du plus bel essai de contre-révolution qui puisse être imaginé pour *sortir de crise* !

A ce moment même où l'oracle va parler, et avant que son premier mot ne soit consigné dans ma page, je prie qu'il me soit permis de me substituer au *représentant* qui, n'étant là que pour admirer et recueillir les sages conseils de Licurgue, observe un peu trop religieusement les convenances de son rôle, dont il me paroît avoir outré l'aveugle soumission. Je serai moins complaisant et moins docile ; je hasarderai quelques objections ; je n'aurai garde sur-tout de laisser entendre au donneur d'avis que *la majorité de la convention nationale* pense à-peu-près comme lui ; car elle pense très-différemment, et moi aussi. Nous voila donc en scène et face à face lui et moi : je vais essayer du dialogue polémique avec monsieur le professeur. Il m'attaque ainsi : ——

Le Professeur. —— *Je commence par vous avouer que le véritable vœu national est* ENCORE DOUTEUX *pour moi.*

L'Interlocuteur. —— Je commence par vous observer
que nul homme raisonnable ne peut concevoir ce *doute*,
et que nul citoyen ne doit se permettre de le publier ;
c'est afficher le mépris formel de la manifestation la
plus libre, la plus authentique, la plus solennelle, la
plus répétée que jamais aucun peuple ait faite d'une volonté constante.

Le Prof. —— D'accord. Cependant *je ne suis pas
encore bien sur que le peuple ait dans le cœur l'a-
mour de la république.*

L'Interl. —— Je conviens qu'on a tout fait pour l'en
dégoûter ; mais on n'y a pas réussi. Eh ! que faut-il
donc qu'il fasse pour vous prouver qu'il aime la république ? Certes, vous êtes difficile en *sureté*, quant à
ce point. Vous ne paroissez pas avoir eu les mêmes
scrupules à l'égard de la constitution aristocratique, sa-
cerdotale, royale et royalement revisée de 91. Aujour-
d'hui même vous nous dites assez textuellement, et le
ton et l'esprit de vos quatre-vingt discours ou lettres fait
par-tout entendre que ce fruit honteux de la vénalité,
de l'intrigue et du parjure, cet incohérent recueil surpris
à la lassitude de l'assemblée constituante, à l'abattement
des patriotes après le massacre du Champ de Mars et
dans la dispersion des jacobins, cette constitution, objet
continuel de la censure et des alarmes de tous les amis
de l'égalité, donnée au peuple et commandée aux législateurs, mais non pas acceptée, est à vos yeux bien su-
périeure à ce grand code de l'égalité, à cette constitution
immortelle et simple dont le canon populaire du 10 août
fut le précurseur, dont la sage et sainte insurrection du
31 mai fut, en quelque sorte, la journée-mère et le
moyen nécessaire de conception ; dont la sanction nationale

nale du 10 août suivant fut et sera l'indestructible appui ; dont nos mille victoires sur tant de gouvernemens esclaves sont aujourd'hui le dernier et glorieux rempart. — Eh quoi ! le peuple, vous le savez monsieur le professeur, n'a point accepté la constitution de 91, que le *grand monarque* (1), *dont la triste fin* vous afflige, reçut des mains de quelques constituans ; et ce même peuple, vous le savez encore, a librement sanctionné, a solennellement accepté, n'a pas un seul moment cessé d'aimer cette constitution de 93 dont il ne peut tarder beaucoup encore de jouir ! — Eh quoi ! le peuple a renversé la contitution de 91 ; et ce même peuple, au milieu de toutes les espèces de privations et de tourmens, a surveillé et déjoué les innombrables trahisons de l'intérieur, a résisté au dehors à l'Europe armée ; il a fait tout cela pour le maintien, l'entière préservation, la prochaine jouissance de la constitution de 93 ! — Eh quoi ! le peuple a parfaitement senti que la constitution de 91 lui étoit onéreuse et faisoit insulte à ses droits ; et ce même peuple a senti que la constitution de 93 les respectoit tous et en assuroit le triomphe !... Ce sont là des vérités de fait et de sentiment, des vérités incontestables et saintes. Vous savez cela tout comme moi, monsieur le *spectateur* ; et cependant vous me répétez paisiblement ces étranges paroles : — *Je ne suis pas sur que le* PEUPLE *préfère la constitution de* 93 *à celle de* 91.... Ah ! c'est bien pour le coup qu'à mon tour je dois vous dire : — Mais qu'entendez-vous donc par le PEUPLE ?.... Auriez-vous

---

(1) C'est une des expressions du spectateur. Les six mots soulignés lui appartiennent.

C

aussi le *vôtre*, ainsi que Fréron (1), ou plutôt le vôtre et le sien ne sont-ils pas en effet le même ? Quant à moi, qui ne veux et ne puis voir le *peuple* qu'où il est, dans cette grande masse essentiellement amie de l'égalité et constitutive de la nation, j'atteste, par elle et par le sens commun, que le *peuple* rejette la constitution de 91, et veut irrévocablement la constitution de 93. —— *Est-il vrai ?..... est-il vrai ?......*

(Timoléon)

LE PROF. ——*Tout est vrai...... Il faut que je l'avoue..... Mais tant d'individus vont MACHINALEMENT, adoptent ou FEIGNENT d'adopter l'opinion qu'on S'EFFORCE de leur SUGGÉRER, que je ne me repose pas sur des signes extérieures, ni sur des acclamations inspirées par la CRAINTE ou par le desir de l'imitation.*

L'INTER. Je l'avoue à mon tour, car je ne sais rien dissimuler, et la justice et la raison que je défends contre vous, n'ont pas besoin non plus que je dissimule ; la vérité seule les sert. C'est à vous d'être astucieux ; vous défendez la cause de l'insolente inégalité ; vous voulez des démarcations, des distinctions, des privilèges exclusifs ; soyez sophiste et menteur, pour l'intérêt de ceux qui les réclament. Moi je serai franc, comme ce bon peuple qui ne réclame que les droits communs. Ce que vous venez de

---

(1) L'Orateur du peuple est plus beau chaque jour ; il finira par vaincre toutes les mefiances. Mauri lui-même, dans les jours de sa gloire, eût senti se dissiper tout ombrage et sa vieille haîne se ramollir. L'ennemi du peuple en eut embrassé l'Orateur. Ah ! çà, Fréron, je ne veux pas me fâcher, moi, ni te mortifier, pourquoi laisses-tu corrompre ce journal accrédité par ton nom ? J'aime ton talent, je crois à ton patriotisme ; il court un peu les champs, il est tems de le rappeler, et je te le redemande.

dire donc , je l'avoue en maxime générale ; l'histoire en fournit la preuve pour le passé ; le tableau du monde actuel en offre aussi la triste preuve pour le présent ; et c'est précisément sur ces dispositious factices des peuples esclaves , soigneusement entretenues , que se fondent tous ces établissemens frivoles , tyranniques , détestables , appelés gouvernemens , qui n'existent, pour le malheur de tous , que par la ruse et la puissance des uns , par la crédulité , l'ignorance et la foiblesse des autres. C'est encore ainsi qu'existoit notre gouvernement monarchique. Mais , ce qui est vrai , par tout où le peuple ne peut réellement former un vœu , ni exprimer une volonté ; ce qui est vrai , par-tout où les individus n'ont pas cessé de penser que la nature les destine uniquement à croire , obéir , travailler et payer ; ce qui est exact et vrai , quant à la *manière* dont de tels hommes *adoptent* ou plutôt supportent les *opinions* du gouvernement qui les a mis sous le joug ; comment osez-vous en faire l'application à cette *manière* , si différente , d'un véritable peuple , qui, éclairé par six années d'une révolution , qu'à tout prendre il a faite lui-même , a non-seulement énoncé sa volonté réelle , mais-encore, l'a maintenue et consacrée par une étonnante continuité de sacrifices , de travaux et de victoires ?..... Je vous le demande , monsieur le spectateur , les Autrichiens, les rois et les visirs parleroient - ils autrement que vous ne venez de parler ?..... Vous ne voulez pas vous *reposer*, dites - vous , sur ces évidentes et continuelles preuves du sincère et constant *amour du peuple pour la république* !!.... Mais d'où provient donc en vous cette excessive difficulté à croire ce qu'il est si doux de penser , et si naturel de réputer incontestable ?..... Serait-ce que vous auriez seulement *feint* vous-même *d'adopter l'opinion na-*

tionale , et vos sermens auroient - ils été *dictés par la crainte ?...* Que ne le dites-vous franchement ? On vous en releveroit ; on les déclareroit nuls ; ils le seroient en effet. Et que craignez - vous donc ? Le triomphe de la démocratie ? Ce triomphe même doit vous rassurer. Rien n'est plus clément qu'un peuple libre victorieux. Voyez dans l'ouest du ROYAUME (1), ces capitans indomptés , ces chevaliers du sceptre et de l'encensoir ; certes, ils nous avoient un peu plus fatigués que n'auront pu le faire vos molles incertitudes ; eh bien ! ils reviennent à nous, et nous les recevons, et l'amnistie est prononcée , et ils vont jurer la république démocratique.... Vous jurerez avec eux. —— Mais rentrons dans notre sujet , et puisque vous ne voulez pas vous contenter , avec tous les républicains , de la *certitude* acquise sur le *véritable vœu national,* dites-moi comment vous prétendez arriver à celle que vous *voudriez avoir ?*

Le Prof. *Voila , il est vrai, la grande difficulté. Si la convention nationale autorisoit les assemblées primaires* (2),

---

(1) *La France est le ROYAUME de prédileccion de la nature : nul EMPIRE n'a une FIGURE plus NOBLE.* (Mercier, dans la Tribune des Hommes libres).

(2) C'est une chose tout-à-fait inexplicable que de voir le jacobin Réal , dans son écrit de ce jour (19 pluviôse), porter le badinage à ce point de gaîté qui le fait nous entretenir du *républicanisme* de monsieur Delacroix, qui ADORE l'*égalité.* Réal le dit, et cela est très-plaisant : il pense même que la faute la plus grave de ce *républicain* , est d'avoir proposé des assemblées primai.es. Réal plaisante encore. Si ce *tort* là se trouve le plus grave de ceux imputés à Delacroix, il est hors de cause. J'atteste, son livre à la main, qu'il méprise beaucoup les assemblées primaires, qu'il ne peut les souffrir, qu'il n'en veut point, et que son plan les exclut.

les agitateurs, les anarchistes y FIGUREROIENT avec audace.

L'INTER. Je ne puis nier que les royalistes de tout accabit, et les aristocrates de toutes les trempes, ne *figurent* en effet avec quelque *audace* aujourd'hui; et ce sont bien là, dans une république démocratique, les vrais *anarchistes*, les plus dangereux *agitateurs*; mais ceux là ne vous donnent pas d'inquiétude, on le voit bien. Quant a ceux que vous sembleriez vouloir désigner, ils doivent, sous un autre rapport, vous en donner tout aussi peu, puisqu'ils sent abbatus et sans crédit.

LE PROF. N'importe : *ils s'empareroient des élections, intimideroient les citoyens qui ne veulent que l'ORDRE, dirigeroient sur eux, par la violence et les menaces, le choix de la MULTITUDE....*

L'INTERL. Le *véritable ordre*, dans une république démocratique, doit être basé sur l'égalité. Ceux qui vous inspirent un si grand effroi, ne demandent pas autre chose; seroit-ce là ce qui vous sembleroit épouvantable? Ils sont incapables, au-surplus, de vouloir jamais altérer par la *violence* et les *menaces* la sainte pureté des délibérations d'une assemblée primaire, sur-tout pour en diriger le choix sur eux-mêmes. On aime bien peu les constitutions populaires, quand on conçoit si gratuitement, et qu'on s'efforce d'inspirer aux autres, de telles alarmes sur les institutions qui en sont la base. Et n'est-ce donc pas aussi du sein des assemblées primaires, et même à l'époque où un renversement subit avoit dû produire un extrême agitation, qu'est sortie la convention nationale? Ne fut-elle pas l'œuvre de leur choix? Voudriez-vous nous persuader qu'elle est compsoée d'*anarchistes* et d'*agitateurs, qui dirigèrent sur eux, par la violence et les menaces,* le

choix de ce que vous appellés insolemment la MULTITUDE?..,
Eh ! que diroient de plus les ennemis acharnés et perfides
de la république et de la révolution qui nous la donna?..
Enfin, que nous parlez-vous ici d'élections ? Ce ne seroit
pas dans la vue de renouveller la convention, que ces
assemblées se formeroient et seroient convoquées. L'hypo-
thèse que nous discutons ne porte que sur une nouvelle
émission , selon vous nécessaire, du *vœu national*, pour
ou contre la république.

LE PROF. N'importe encore; ils se feroient élire , vous
dis-je. Or , il est indubitable qu'un tel *corps auroit la*
PRÉSOMPTION *de* L'IGNORANCE *,* SACRIFIEROIT *à un*
INSTANT *de* FAVEUR *les* INTÉRÊTS *du* PEUPLE *,*
céderoit à des vœux indiscrets...

L'INTERL. Je vous arrête là ; votre opinion seroit-elle que
la convention nationale , *ainsi élue et composée,* PRÉ-
SOMPTUEUSE *par* IGNORANCE *,* et SACRIFIANT *à un*
INSTANT *de* FAVEUR *les* INTÉRÊTS *du* PEUPLE *,* n'a
proclamé la république que par une molle condescendance
aux vœux indiscrets de tout un peuple qui la vouloit et
ne cessera pas de la vouloir.

LE PROF. Je ne m'expliquerai pas plus clairement.

L'INTERL. Je vous entends assez.

LE PROF. Je poursuis donc en reprenant mon propos. |*Ils*
(1) *tariroient* TOUTES *les sources de l'abondance, diri-*

---

(1) Ne perdez pas de vue, lecteur, que tout ceci doit toujours
être entendu de *représentans du peuple*, détestables nécessairement
dans l'opinion de monsieur le spectateur, et qui, toujours selon
son opinion, ne peuvent manquer de l'être aussi long-temps
qu'ils seront le choix de ces misérables cohues, nommées assem-

geroient la guerre sur des plans TÉMÉRAIRES, RENVERSEROIENT les bases de NOTRE législation, attaqueroient TOUTES les propriétés, porteroient la terreur dans les fermes, dans les MAGASINS, dans les MANUFACTURES, et ne tarderoient pas à nous conduire à l'épuisement de nos finances, de notre crédit et de nos forces militaires. etc.

L'INTERL. Voila, très-littéralement, ce que les contre-révolutionnaires seuls, tous les contre-révolutionnaires, sans exception, et tous les cabinets des gouvernemens

---

blées [primaires, où le citoyen continueroit d'être admis sans présenter à la porte le certificat du maître d'*écriture*, l'attestation de *deux propriétaires*, etc. et autres cartes d'entrée, si bien imaginées pour réduire petit à petit l'imposante masse du peuple souverain, dont l'énormité fatigue beaucoup une petite poignée de messieurs qui voudroient bien se substituer à lui et le faire disparoître]; semblables en ceci aux parlementaires du bon temps, qui, se qualifiant d'*états-généraux au petit pied*, se réputoient beaucoup plus nécessaires, croyoient même exercer une autorité plus légitime et plus sage que celle des véritales *états-généraux*, dont ils ne vouloient plus entendre parler, ainsi que nos princes. Or, comme la convention nationale (qui, certes, sans cela n'en seroit pas une) est l'œuvre des assemblées p imaires non réduites et non dénaturées ; comme monsieur le spectateur sait fort bien que chacun de ses membres a été élu par ces assemblées *ainsi composées*, il suit que toutes les impertinences magistrales qu'il adresse avec beaucoup de morgue et de réflexion à des représentans *ainsi élus*, portent à-plomb sur la convention nationale, qui est un peu trop grande sans doute pour n'en pas rire ; mais qui ne croira pas aussi qu'un professeur émérite, qui a long temps médité cette belle consultation, soit un partisan de la démocratie et de la déclaration des droits ; en un mot, un *adorateur* de *l'égalité*, comme le dit Réal, qui apparemment aime à *rire* aussi.

ennemis, reprochent à la convention nationale. Faudroit-il inscrire aussi votre nom sur cette honorable liste ? Aura-t-on la bonté de ne prendre tout cela que pour une appréhension purement hypothétique de vous et des vôtres ? Et ne semblera-t-il pas plus naturel d'y voir au contraire leur sentiment positif et votre déclaration sur les faits et sur leurs auteurs ? Pensez-vous que la convention nationale, *ainsi élue et composée*, ait fait tout le mal que ces messieurs lui imputent ?

Le Prof. Je ne m'expliquerai pas d'avantage sur ce point.

L'Interl. Je vous entends assez.

Le Prof. *Puisqu'elle existe*, cependant, *et qu'elle est investie d'une autorité qu'on ne lui conteste pas, il faut qu'elle la conserve pour réparer tous les maux qu'elle a laissé commettre..... Elle s'est purifiée de ses plus dangereux intrigans.....*

L'Interl. Passe pour cela. Ce ne sont point ici des paroles de despect ; c'est de la bonne et simple franchise. Et je suis de votre avis..... Mais, *de ses plus dangereux*, dites-vous ?... A ce compte , il lui en resteroit donc

Le Prof. *S'il en reste encore , ils seront bientôt démasqués et abattus.*

L'Interl. *Démasqués !* .... Par qui ? *Abattus !* ..... Comment ?

Le Prof. Par l'opinion publique et la liberté naturelle laissée à chaque citoyen d'exprimer toute sa pensée

L'Interl. Si tel est en effet votre principe, touchez là , et serrons-nous la main en signe de bon accord et de serment d'y rester fidèles. Oui, sans aucun doute, il est temps enfin qu'elle renaisse , pour achever de nous éclairer , cette entière liberté de discussion par les écrits ou par la parole , dont rien ne pourroit justifier aujourd'hui la compression. Que chacun dise son véritable mot , et qu'après l'avoir dit , il ne soit pas contraint à se cacher, pour éviter l'emprisonnement et les vexations. Que chacun dise son véritable mot , et que l'opinion publique seule en fasse justice , comme il lui appartient de la faire, c'est-à-dire , en dispensant à chacun la mesure d'estime et de blâme qu'il aura méritée. C'est là le code entier de récompenses et de peines de l'opinion publique , et, sur ce point , le citoyen ne doit plus être justiciable que d'elle seule ; vous même aussi , monsieur le spectateur , malgré votre écrit que je désapprouve beaucoup , que tous les républicains désapprouveront aussi , mais qui ne doit pas vous attirer d'autre peine.

Le Prof. Vous n'êtes donc pas *jacobin* comme je l'avois cru d'abord ?

L'Interl. —— Jacobin.... dans l'odieuse acception de ce mot ?... Non , je ne le fus jamais... Jacobin..... dans l'acéeption simple et vraie ? Oui, je le fus avec le peuple et ne cesserai pas de l'être , qu'il y ait ou non des sociétés populaires.

Le Prof. Mais les *jacobins* , dans ces derniers temps , ont paru n'avoir pas sur cette liberté si précieuse la même opinion que vous.

L'Interl. Laissons ces jours de commune honte. Les vrais jacobins ont toujours eu , sur la liberté d'exprimer sa pensée, l'opinion que vous et moi professons aujourd'hui. Les premiers, dans la révolution , ils l'ont voulue ; les premiers , ils l'ont proclamée ; ils en usèrent avec courage et succès ; ils la défendirent contre toute attaque ; ils la firent triompher , ils la maintinrent.... Ce qu'on reproche à quelques modernes jacobins , sur ce point , n'étoit qu'un mal-entendu déplorable qui tenoit beaucoup à leurs divisions mêmes, et à des circonstances qu'il ne faut plus rappeller. Il en est un peu de cela comme de ce prétendu terrorisme dont on voudroit aussi les rendre responsables, tandis que ce que l'on pourroit *véritablement* et *à juste titre* flétrir de ce nom, a par-tout été combattu par la masse des jacobins de Paris et des départemens, comme par celle des francs montagnards de la convention, qui sont aussi de vrais jacobins, ainsi que le peuple entier l'est au fond du cœur ; car ils veulent tous que la sainte égalité triomphe.

Le Prof. Ne me parlez point d'une si dangereuse chimère. Ce vœu du peuple est une extravagance qui *nous* révolte, et que *nous* sommes bien décidés à ne pas lui passer. Vous l'avez dû voir à chaque page de mon écrit, vous qui *savez lire*. Je desire beaucoup que tout le monde adopte cette manière de sentir qui est la seule bonne. Tous les *honnêtes-gens* la partagent ; ils ont besoin peut-être que je les y affermisse et les encourage. L'appui nouveau que je leur prête accélérera leur triomphe qui ne peut être éloigné. C'est mon unique espérance. *Il est* NÉCESSAIRE *de* RESTREINDRE *les* PRÉTENTIONS *du peuple, en lui assurant* néanmoins *la jouissance paisible de son salaire, et de* NE *laisser à cette nation légère* QUE *la liberté de faire le bien,* en la soumettant à ceux qui exclusivement doivent gouverner.

L'Interl. Mais alors ceux-ci n'auront-ils pas une latitude illimitée pour faire le mal, et la continuelle tentation de s'abandonner à tous leurs caprices que les autres n'auront plus ni les moyens, ni la puissance de réprimer ?

Le Prof. Propos de jacobin, de montagnard, de sansculotte, de révolutionnaire, &c. et vous savez assez quel cas je fais de tous ces gens là.

L'Interl. Oui, J'ai vu même que vous les détestiez tout comme un autre. Vous trouvez *qu'on les a trop ménagés ;* on a eu tort de *leur laisser même ce peu de force qui leur reste.* Le plus grand nombre vous paroît digne de mort. Vous allez jusqu'à dire, si je m'en souviens bien, que le supplice des révolutionnaires seroit pour vous *une véritable jouissance,* qu'à cette condition seule, vous pourriez *absoudre la justice divine,* contre laquelle jusque là, vous ne cesserez pas de *murmurer.* J'ai vu que vous répétiez avec la plus édifiante crédulité les accusations plus ou moins atroces, les qualifications plus ou moins outrageantes, que les patriotes du 12 thermidor leur prodiguent aujourd'hui. Mais je vous pardonne tout cela, et l'esprit continuel de vos quatre-vingt discours, où tout ce qui a trait à la révolution et aux révolutionnaires, est bénignement envenimé ; où tout ce qui touche à la contre-révolution, et aux contre-révolutionnaires est soigneusement adouci quand il n'est pas effacé, sans compter même les passages assez fréquens, où vous travaillez à le rendre intéressant, même beau, presque admirable. J'ai vu tout cela, dis-je, dans une simple lecture, parce que tout cela y est très-sensible, et je vous le pardonne en faveur de tant de leçons utiles que vous nous y faites, et sur-tout de ce *triomphe prochain* de *vos* honnêtes-gens dont vous me parlez aujourd'hui. Mais vous n'auriez donc pas voulu même de notre première révolution ; car, avant le 14 juillet *ces* honnêtes-gens fouloient bien à leur aise la *populace* et la *canaille.*

L'Interl. Non, sans doute, je n'en voulois pas, telle sur-tout qu'elle fut opérée. Je n'aime point du tout ce qui se fait ainsi brusquement, ce qui n'est pas amené par la sage lenteur des formes, adouci et préparé par la politesse et la grace des belles manières, ce qui mortifie les puissans et les riches, ce qui humilie les grandeurs, ce] qui fait tant souffrir beaucoup de vanités, frivoles et oppressives, si l'on veut, mais enfin qui ont aussi leur prix, ce qui sacrifie tant de *petits* intérêts, qui, pour être ennemis du grand, n'en sont pas moins des intérêts ; or, comme je ne me dissi- mule point que la révolution ne pouvoit se faire qu'avec cette grossièreté populaire, et en produisant des change- mens si tristes, il s'en suit qu'en effet je ne l'eusse pas voulue. Cependant, une fois entreprise, et pour ma tran- quillité même, je n'eus pas désapprouvé que chacun se soumît à la constitution revisée de 91 ; j'aurois demandé, toutes - fois, qu'on laissa mieux assis sur son trône ce *grand monarque, dont la triste fin* m'a sensiblement affligé..... Quant à tout ce qui s'est passé depuis, je veux dire, à partir de l'époque où la constituante termina sa session, et fit place à cette funeste législature qui nous fit tant de maux sans mélange d'aucun bien, et renversa le trône, j'en suis horriblement mécontent, et pour le fonds, et pour la manière. Nul doute que la revision royale de 91 ne fut beaucoup plus supportable et *mieux adaptée au caractère du peuple* que tout ce qu'on a voulu depuis y substituer.

L'Interl. —— Celui-la sans doute entendroit mal ce qu'il lit, à qui la simple lecture de votre ouvrage n'eût pas dévoilé tout ce que vous me découvrez avec franchise dans cette liberté d'une conférence secrette et dans cet abandon naturel du dialogue. Je me réjouis avec vous du plaisir que vous paroissez y prendre. Je n'ai point été sur- pris de ces louanges exclusives que vous donnez, dans votre ouvrage , à l'assemblée constituante. Il est conséquent à vos priucipes que vous ne reconnoissiez de personnage recommandable dans aucune des deux représentations nationales qui l'ont suivie ; ce n'est pas que vous ne sachiez , tout aussi bien que moi , qu'en rigueur cette assemblée ne devoit pas être réputée une véritable représentation nationale ; c'étoit simplement une réunion d'agens envoyés par trois classes jalouses, pour traiter de leurs intérêts respectifs , en les conciliant , s'il se pouvoit, avec l'intérêt commun , que les deux premières cependant étoient bien déterminées à subordonner au leur. Ces trois classes elles-mêmes n'étoient que la copie mutilée et l'image imparfaite du véritable peuple dont le type étoit depuis long-temps effacé ou voilé : mais c'est précisément cela qui vous la fait aimer davantage. N'auriez-vous pas aussi bien fait cependant de louer un peu moins Barnave et Bailli ; de ne pas tant approuver la mémorable expédition du dernier au Champ de Mars ; de ne pas tomber en extase au souvenir du *drapeau redoutable* (ce sont vos termes) qu'il déploya si patriotiquement contre les jacobins d'alors , presque aussi méchans que les nôtres ; de résister encore à un autre de vos ravissemens , et de ne pas célébrer *le TRIOMPHE de ce bataillon* (ce sont encore vos termes) , qui eut la gloire d'assassiner un peuple soumis et désarmé. —— Mais revenons. Aussi-bien je ne finirai pas si j'entreprenois de relever ici tout ce que votre écrit offre de marquant en ce genre ; il me tarde d'ailleurs d'arriver au but de la route que vous avez ouverte et que nous parcourons ensemble. Je ne dois pas oublier non plus qu'il me faut ici remplir la mission du *député* dont il m'a paru utile d'usurper un moment la place. Vous lui avez promis d'imaginer et de lui communiquer une méthode sure et des moyens faciles : il s'agissoit, avant tout, de se bien assurer qu'on meneroit à terme et qu'on produiroit au grand jour *le véritable vœu national* que vous ne croyez pas encore sorti. C'est ici, comme vous voyez, et d'après vos idées, un accouchement en quelque sorte. Que faudra-t-il faire pour qu'il soit heureux ?

LE PROF. —— Il faut d'abord que la convention nationale se persuade, et qu'on travaille à la bien convaincre, que, *pour faire oublier ses erreurs* (1) *et avoir de justes droits à la reconnoissance du* PEUPLE (2), *elle N'A PLUS QU'A se PÉNÉTRER de sa volonté et s'en rendre l'organe.*

L'INTERL. —— Mais parlez-vous tout de bon, monsieur le professeur ?... Voudriez-vous frapper ainsi d'une sorte de nullité morale toutes les œuvres de la convention jusqu'à ce jour ?.... Prétendriez-vous insinuer qu'auparavant elle négligea de *se pénétrer de la volonté du peuple,* et qu'elle ne sut pas ou ne voulut pas *s'en rendre l'organe ?*

LE PROF. —— Je ne dis pas cela précisément; mais on m'obligera beaucoup si l'on veut ainsi l'entendre.

L'ITERL. —— Ainsi donc, par exemple, cette heureuse et grande idée d'une démocratie représentative, si douce à concevoir, si facile à réaliser, qu'il est si naturel d'admettre, dont le peuple entier a juré l'accomplissement, scelle chaque jour de son sang les nombreux triomphes,

---

(1) La *déclaration des droits.* --- *La constitution démocratique* acceptée par le souverain. --- Les loix *populaires*, etc.

(2) On ne se méprendra pas, je l'espère, au sens de ce mot das la bouche du professeur.

et hâte de tous ses vœux l'entière exécution ; cette idée sublime et simple ne seroit à vos yeux qu'une *erreur* (1) de la convention nationale, *EXCUSABLE*, *parce que l'EFFERVESCENCE POPULAIRE* l'auroit produite , une simple *opinion* dont elle ne pourroit trop promptement *faire le sacrifice* pour obéir à je ne sais quelle volonté réduite, partielle et mendiée, que vous honoreriez, vous , du non de *véritable vœu national !*

Le Prof. —— Cela n'est peut-être pas encore explicitement contenu et nettement avoué par moi dans notre conférence ; mais je ne puis nier que cela n'y soit implicitement exprimé.

L'Interl. —— Point de chicane d'école entre nous , monsieur le professeur. De quelque manière que je parvienne à saisir votre pensée, sitôt que je la tiens et vous la présente , il faut la reconnoître naïvement.

Le Prof. —— Je vous avoue donc, un peu bas cependant, que c'est en effet là ma pensée. Au surplus , il est déja trop évident peut-être qu'elle est une conséquence naturelle de mes principes et de mes aveux.

L'Interl. —— A présent, monsieur le professeur , que votre cœur est ouvert devant moi comme votre livre , je reviens à celui-ci ; permettez que je vous en rappelle une phrase que le mouvement actuel de notre dialogue semble amener, et qui donnera lieu de ma part à une question fort simple ; cette phrase termine votre petit *discours sur l'énergie populaire* , lequel , je vous le confesse , ressemble

---

(1) Les divers mots soulignés dans cette partie du discours de l'interlocuteur , jusqu'à la fin du paragraphe , sont les propres expressions du Spectateur.

trop à un persifflage ; elle est l'exposé précis de votre opinion sur le résultat éventuel de la lutte intérieure entre les amis et les ennemis de l'égalité, entre les vrais républicains et les aristocrates.... Voici la phrase. —— *La victoire DEMEURERA à CELUI des deux partis qui PERSISTERA avec le plus de CONSTANCE dans le sentiment qui l'EXALTE, qui offrira le plus d'ENSEMBLE (1), et ARRACHERA (2) de l'AME de son adversaire jusqu'à l'ESPÉRANCE de pouvoir lui RÉSISTER.* —— Ainsi donc vous publiez que la bataille (au moral) est seulement engagée entre les *deux partis ;* que l'aristocratie est bien loin d'être abattue ; qu'avec de l'*exaltation*, de la *constance* et de l'*ensemble*, elle peut faire tourner en sa faveur la victoire encore indécise, *ARRACHER même de l'AME* de tous les amis de l'égalité *jusqu'à l'ESPÉRANCE de pouvoir RÉSISTER*. Et j'ajoute que votre ouvrage me paroît composé et publié dans ce dessein, et avec l'intention de raffermir la persévérance, redoubler l'exaltation, augmenter, échauffer l'espérance et l'ardeur des républicains aristocrates. Mais que je me trompe ou non sur ce point là, cela ne rend ni moins nécessaire ni moins juste la question que je vais vous faire, en rapprochant votre objet actuel de la phrase que je vous ai rappelée. On ne pouvoit déclarer plus textuellement que deux partis

---

(1) *Ensemble !!* oui, c'est bien là le véritable mot. Ah ! si nos représentans trouvoient que cela fût bon, comme il leur seroit facile de donner aux sincères amis de l'égalité les moyens et l'esprit d'ensemble qui leur manquent.

(2) Voilà une expression bien forte et qui sort du style naturel du spectateur. Il ne s'agit plus que de savoir en faveur de quel sentiment il s'anime ainsi.

opposés

opposés se disputent la victoire avec une *espérance égale* pour chacun des deux. Voyons si la balance restera *égale* dans vos mains, et si les propositions que vous allez nous faire laisseront chaque parti dans sa force naturelle et propre, de telle sorte que ce soit en effet, comme il le faut pour le triomphe de la justice et du grand intérêt, la seule supériorité de principes qui détermine la victoire en faveur du parti qui se réclamera d'eux et les fera valoir ; car c'est seulement ainsi qu'on verra naître et se développer la *véritable volonté nationale* qui *arracheroit* de tous les bons cœurs tout desir de *résistance*. —— Dites-moi donc enfin de quoi se compose, dans votre système, le *véritable vœu national ?*

Le Prof. Cette manière pressante pourroit me sembler importune, si je n'étois pas touché de l'intérêt sincère qui paroît vous animer. Chaque mot, d'ailleurs, me fait sentir, qu'avec d'assez fortes raisons de vous méfier de mes principes, vous n'hésitez jamais à m'admettre dans l'entière confidence des vôtres. Vous parlez de l'ame, et, tout aristocrate que je puisse être, ce langage est entendu de la mienne. Je veux être franc comme vous. Sous ce rapport, nous serons satisfaits l'un de l'autre. Je crois avoir acquis par l'habitude du travail, par ma profession, par l'étude attentive de l'histoire et des hommes, une sagesse et un calme de raison qui vous manquent peut-être. Je crains sur-tout que vous n'ayez pas assez observé les hommes, que vous êtes plus appelé à aimer qu'à connoître. Il y a parmi nous un assez grand nombre de personnes qui vous ressemblent. Et dans nos rêves nouveaux, dans cette moderne folie *d'égalité* qui a renversé tant de têtes, j'ai dû penser que nous n'étions plus assez sages, ou, si vous le voulez, assez fortement aristocratisés, pour qu'il fût prudent de vouloir soumettre aujourd'hui le peuple à mes véritables idées en ce genre. Il faudra le retravailler encore pour le bien préparer, l'amener même insensiblement à ce que nous voulons de lui pour son bien et pour le nôtre. L'adresse et les beaux discours ne nous manqueront pas ; nous avons d'ailleurs une certaine jeunesse bien intentionnée, et qui nous sert à sa manière avec un zèle tres-actif. Je la voudrois cependant un peu moins étourdie, et jamais emportée ni violente, cela peut tout gâter. Quant à moi, j'ai cru devoir ne pas développer encore le fonds de mes principes et de mes pensées. Mais cependant, le volume que vous parcourez, et cet entretien même que vous dérangez un peu, car le *député* me contrarioit moins, les indiquent sensiblement au lecteur attentif. Voici, relativement à mon système sur le *véritable vœu national*, quelques-uns des résultats qui vous auront frappé sans doute...... — L'OPINION DE L'IMMENSE MAJORITÉ DES CITOYENS EST NULLE POUR MOI.

L'INTERL. Mais, monsieur le professeur, voila qui est épouvantable !

LE PROF. Laissez moi donc aller. —— *Je ne vois le véritable peuple, fait pour avoir une volonté, un suffrage, une voix delibérative, ou consultative, ou élective, un droit d'être élu soi-même, etc. une existence politique enfin, que dans le troupeau choisi des hommes aisés, instruits, bien élevés, recommandables par leurs talens ou leur fortune, etc.*

L'INTERL. Mais encore un coup ; monsieur le professeur, de telles opinions ne sont pas soutenables.... Votre troupeau choisi n'est-il pas assez favorisé déja par tout ce qu'il a reçu d'une destinée heureuse ? N'est-il pas assez relevé

par l'ascendant qui en est l'infaillible conséquence ? Pourquoi voudriez-vous lui prodiguer , à l'appui de tous ces
avantages , les faveurs politiques de nos institutions et
les échasses du privilège ? Que ces hommes , caressés par
vous avec une prédilection si tendre , obtiennent quand
ils la mériteront , et reçoivent du choix de leurs concitoyens la préférence sur d'autres , pour l'exercice des
fonctions publiques ; que , par leurs lumières et leurs
vertus , ils exercent une influence utile et salutaire , et
prennent dans des délibérations libres , dans les diverses
réunions du peuple , cette autorité naturelle qui tourne au
profit de tous ; rien de mieux sans doute ; et c'est aussi
ce qui arrivera le plus souvent. Mais , par respect pour la
dignité de la nature humaine , base première , et règle
immuable des loix d'un peuple libre ; par respect pour
ces droits de l'homme et du citoyen , qui sont l'inalié-
nable propriété de chacun , et non l'appanage exclusif d'un
certain nombre ; pour l'utilité commune sur-tout , pour
le grand intérêt , par respect pour ces talens mêmes et
ces vertus qui le servent si bien , et que l'esprit de vos
institutions exclusives , stériliseroit dans leur source , ou
corromproit dans leur cours ; reconnoissez avec nous que ,
dans tout ce qui tient à la chose publique , un citoyen
quelconque peut tout obtenir de la volonté libre du peuple,
et que nul citoyen , nulle classe de citoyens , ne doivent
rien tenir d'une loi de privilège qui énorgueillit les uns ,
avilit les autres et les déprave tous. Voila ma doctrine. C'est
celle de la nature , de la raison , de la démocratie ; nul
homme juste et bon , nul esprit droit , nul cœur sensible
n'en peut admettre une autre , quand celle-là lui est pré-
sentée.... Je ne puis supporter l'idée de votre *troupeau
choisi*......

(52)

Le Prof. Mais, calmez-vous donc..... Quelle est cette irritation soudaine? Pourquoi tant de courroux et de surprise? Mes opinions et mes principes ne vous étoient-ils pas connus avant cette entrevue? Ne les aviez-vous pas déja bien démêlés dans mon écrit? Et n'y aviez-vous pas vu de même que je consens à en rabattre?... Je le répète, tout ce qui, au *jugement* de ce troupeau d'*élus*, seroit déclaré pauvre, ignorant, vicieux, sot, suspect, &c. devroit être exclus de droit; car *cela ne fait pas partie du peuple françois*. Mais, dans les circonstances actuelles, par ménagement pour tant de cœurs malades et de cerveaux affoiblis que la chimère de l'égalité travaille et semble dominer encore, je veux bien descendre pour un temps de la hauteur de mes principes, et je consens à les réduire aux humbles propositions qui suivent. Ces propositions, j'ai chargé le député que vous remplacez en ce moment auprès de moi, de les communiquer *seulement* à ceux d'entre ses collègues *qui sont plus jaloux du bonheur du peuple que de* PERPÉTUER LEURS POUVOIRS, avec défense expresse de les confier aux autres.

L'Interl. C'étoit, ce me semble, un assez mauvais moyen de les cacher à ceux-ci, que de les imprimer et de les publier. Il y a peu de mal à cela; peut-être, mais cela paroît inconséquent. Il se pourroit au sur-plus, que ce même *député* vous en eût depuis donné le conseil. Ce qui me conduit à cette idée, c'est l'engagement que vous prîtes avec lui, ainsi que je le vois dans votre entretien même, de renoncer à votre *opinion*, *s'il vous démontroit qu'elle* PUT *avoir le* MOINDRE *inconvénient*.

Le prof. Vous touchez-là un point délicat. C'est mon secret, peut-être; ce n'est, peut-être aussi, qu'une simple fiction d'auteur. —— Venons à mes propositions :——

Voici le projet de décret. —— Soyez extrêmement attentif.

Art. Ier. *Pour être admis à donner son suffrage, il faudra savoir lire et écrire LISIBLEMENT.*

II. *Pour voter dans une commune, il sera INDISPEN-SABLE d'y avoir un domicile FIXE depuis un an, et d'avoir PAYÉ SA CONTRIBUTION.*

III. *Tout célibataire sera tenu de produire un certificat de bonne vie et mœurs, signé de deux* PROPRIÉTAIRES, *chefs de famille.*

IV. Ceux qui pourront et voudront satisfaire aux conditions précédentes, et qui n'auront pas moins de *vingt-un ans d'âge,* auront *exclusivement* à tous autres le droit de donner une constitution et un gouvernement au peuple français.

V. La déclaration des droits et la constitution démocratique, sanctionnés le 10 août 1793 (V. S.) par le peuple souverain, sont et demeurent anéantis par le présent décret.

VI. Dans le cas où les votans, ci-dessus désignés, ne jugeroient pas à propos de lui redonner l'existence que nous lui enlevons par ce décret, nous nous réservons de faire, au nom de la *nation, un pacte solemnel avec NOTRE bon roi, où, lui montrant d'un côté amour, respect, grandeur ; de l'autre, haine, dégradation et abandon général;* nous ne lui laisserions, ni le desir, ni l'espérance d'éluder ou de violer les *conditions imposées.*

VII. Sur toutes ces *conditions* nous nous en référons aux idées présentées par le Spectateur, que nous décrétons en principe, sauf rédaction.

VIII. Toutes-fois, adoptons à l'instant même et décrétons dans le cas susdit, la mesure, par lui proposée, *d'équiper des vaisseaux pour la déportation des députés, des administrateurs*, et autres démocrates, qui voudroient émigrer à leur tour.

IX. Si, au contraire, la *majorité* des votans susdits, venoit à se prononcer *pour la république et pour la paix*, nous aviserions aux moyens d'affermir l'une et d'établir l'autre ; nous en référant encore à ceux indiqués par le Spectateur , pour lesquels nous décrétons ici la priorité de discussion.

X. Tous ces moyens obtenant ainsi la priorité en masse , décrétons que la priorité particulière entr'eux sera donnée à celui qui est relatif à la rentrée des émigrés (1).

Voila mon projet de décret : —— M'entendez - vous à présent ?....... Je vous le disois bien que je n'exigerois pas trop.

—————————————

(1) Observez, indépendamment de l'esprit général qui se fait sentir dans tous les discours qui forment ce volume, esprit desapprobateur de notre révolution et de ses formes, qu'on y exprime formellement en plus d'un lieu l'intérêt qu'on prend au sort déplorable des émigrés , intérêt quelquefois déguisé sous celui qu'inspirent leurs familles. Rien n'est doux, coulant, facile comme la morale publique qu'on paroîtroit vouloir accréditer en leur faveur. Ajoutez qu'une classe d'émigrés , infiniment nombreuse dans les idées de l'auteur, est très-injustement comprise dans le grand catalogue et ne mérite point cette qualification défavorable. *Ils ont DU fuir*, dit-il *, parce que la prudence , l'horreur du crime et de la mort le leur commandoient.* Or, comme il est sensible que, dans cette disposition des esprits qui nous redonneroit un roi, tout émigré seroit jugé recevable à faire valoir ce moyen, il suit qu'en dernière analyse le peuple seul paroîtroit coupable , et ce seroit aux émigrés à faire grace. De proche en proche, ceci s'applique à toutes les sortes de contre-révolutionnaires et de mécontens, et il n'est personne qui n'en devine le résultat. Voila comme on *sort de crise* par le traitement que voudroit essayer sur la république malade monsieur le Spectateur.

L'Interl.—— Oh ! l'on ne sauroit être plus accomodant...
Je vous entends à merveille. Vous m'aviez recommandé
une *extrême* attention ; soyez attentif à votre tour :
—— Je vous déclare , monsieur le *Spectateur* , que , dans
ces propositions formelles , si réfléchies , long-temps
méditées , dernier résultat de vos observations et de vos
études , j'apperçois nettement un énorme attentat contre
la souveraineté du peuple , contre la déclaration des droits ,
contre les codes de la nature et de la nation. Vous
sappez tout cela dans ses fondemens , et de trois manières.
—— Premièrement , en osant remettre en question et ne
pas reconnoître pour déterminé , un point librement et
solennellement décidé par le peuple souverain dans ses
assemblées primaires ; de telle sorte qu'en se prêtant à
cette monstrueuse absurdité , il arriveroit, que tout re-
belle au-dedans, et tout raisonneur politique au-dehors ,
auroit éternellement le droit de méconnoître et contester
la *volonté nationale* , en prétextant, à votre exemple ,
que le *vœu national est douteux* , et proposant un moyen
nouveau de le constater. —— Secondement , en rayant de
la liste de vie , en effaçant du tableau des hommes libres et
réduisant à la passive existence des ilotes l'immense majorité des citoyens —— Troisièmement enfin , en *proposant*
de transformer la minorité en tribunal d'appel , saisi du
droit de réviser et de casser le jugement rendu par la
totalité du peuple souverain. —— Voyez encore où cela nous
mène, et si la révolution toute entière, le 14 juillet com-
pris , ne deviendroit pas simplement alors une chose en
litige , qu'il fallut également soumettre à la décision exclu-
sive de ceux *qui savent lire et écrire lisiblement, ont*
un domicile fixe depuis un an , peuvent présenter la
quittance de leurs contributions , s'abaisseront à deman-

der, pour user de leurs imprescriptibles droits, *un certificat de bonne vie et mœurs, à deux PROPRIÉTAIRES, auront vingt-un ans révolus, etc.* Voila donc, monsieur *le professeur en droit*, ce que vous appelez les *principes* d'un *bon républicain* sur le droit de *suffrage* dans une démocratie déja constituée !! C'est ainsi que vous travaillez à *y préserver l'honneur, la fortune et l'existence des habitans* ! Je crois, moi, que ce sont-là tout au moins de très-dangéreuses insinuations, où je ne veux cependant signaler ni les principes d'un séditieux, ni des germes de guerre civile. Il est vrai que, voulant parer à tout et nous tirer de peine sur les *grands troubles* qu'un tel renversement de principes *ne manqueroit pas d'occasionner*, vous prononcez avec un sang froid remarquable et tout-à-fait imposant ces paroles sacramentales : —— *La convention nationale est assez puissante pour prescrire tout ce qui est juste.* Mais il ne suffiroit pas de *prescrire*, il faudroit être encore obéie et faire exécuter heureusement et sans trouble. Au surplus, je suis en effet bien convaincu qu'elle est *assez puissante* pour le succès de tout ce qui est véritablement *juste*, et qu'alors en effet *tous les bons citoyens la fortifieront* encore. Je crois sur-tout, je pense décidément, qu'elle ne voudra que ce qui est *juste*; aussi n'ai-je aucune inquiétude sur le cas qu'elle fera de vos propositions, quoique vous ayez pris la peine d'insinuer que la *majorité de la convention* opinera qu'elle doit s'y conformer *pour terminer honorablement sa mission.*

Après m'être imposé la tâche de me traîner sur vos déplorables pensées de *salut public*, je devrois peut-être vous faire honte du mode d'exécution secret, solitaire, horriblement abusif et misérablement servile que vous osez proposer, lequel, s'il se peut, est plus lâche encore et plus violateur de tout principe que votre doctrine sur le *droit de suffrage*. Je devrois signaler, dans *le chef-lieu de chaque département*, ce commissaire départi pour y aller influencer ou maîtriser l'opinion ; cet *agent national de chaque district, le parcourant* et y exerçant une dangereuse initiative ; ces vils esclaves, propriétaires ou domiciliés, appelés par lui un à un, se dérobant comme pour faire un mauvais coup, se glissant à part, à la sourdine, chacun pour son compte propre et personnel, sans relation ni communication entr'eux, tels que des criminels au secret, se blotissant dans une *case* à ce disposée pour y venir cacher leur vote honteux et obscur dans un chifon qu'ils scelleroient ; cet agent national, s'évadant ensuite avec l'urne dépositaire de ce scrutin qu'il altéreroit à son gré, après l'avoir, en quelque sorte, dirigé, &c. &c... Mais je ne puis vous suivre dans le détail de ces pitoyables manœuvres, et je sens aussi qu'on n'en supporteroit pas le dégoût.... Se peut-il qu'en matière si grave, et dans un sujet si grand, on porte à cet excès l'oubli de toute décence, de toute dignité, de toute raison ?... Voilà donc, après six années de gloire et de prodiges, et touchant au terme (1) de notre immortelle révolution,

---

(1) Le Spectateur ne pense pas ainsi ; on a pu s'en convaincre par son opinion, que j'ai textuellement copiée plus haut, sur la *lutte entre les deux partis*. L'on trouve dans son écrit quelques autres passages non moins formels qui ne laissent aucun doute.

« Ce fut un des plus terribles actes de notre révolution dont le » drame *n'est pas prêt à finir*, etc.

» Ramenez (ces paroles s'adressent aux membres de la convention) l'ivresse et les transports dans une famille désolée ; vous

ce qu'un professeur en droit public, officiellement consulté par les représentans du peuple, leur proposeroit et
leur propose d'entreprendre, *pour sortir de crise*, en re-
donnant à cet excellent peuple, par le suffrage exclusif
de ses aristocrates, un roi, des prêtres, les émigrés et ses
premiers fers !...

Vous aviez demandé, par une phrase même de l'*en-*
tretien avec un membre de la convention, que l'on vous

» y trouverez peut-être un *asyle* contre les *vengeances*......
» Vous serez *préservé* par des enfans qui s'écrieront : --- *Epargnez*
» *celui-là*, il a sauvé notre mère, étc.

» Le cœur déchiré à l'idée de tant de familles..... qui
» doutent si la mort qui a RAVI leur proches n'est pas préférable
» à la vie, l'UNIQUE bien qui leur reste..... Je *m'attends*
» *encore* à la FOUDRE et aux *orages*, etc.

» Vous avez (il parle à ces ex-constituans qui ont mis le TRÔNE
» en OPPOSITION avec le PEUPLE)... vous avez voulu *consolider*
» une *monarchie*, et vous avez commencé par *ébranler* le *mo-*
» *narque*... Les *monarchistes* et les *républicains* doivent *égale-*
» *ment* vous haïr..... Vous ne pouvez espérer d'indulgence
» qu'*après* le *triomphe* des *vainqueurs*. *Attendez* donc en silence
» que la *victoire soit complette*; peut-être la trouverez-vous
» *généreuse* ».

J'observe sur ce dernier passage, qu'ici le Spectateur avoue que
le parti opposé aux démocrates est plus royaliste encore que la
constitution de 91; puisque ce parti en déteste les auteurs qui
ont *ébranlé* le *monarque*, et que, s'il triomphe, son *indulgence* à
leur égard sera l'œuvre de la *générosité*. --- Et moi aussi je desire,
comme Réal, que cet ouvrage soit rendu au public, qui en est
le juge naturel. Je le desire, d'abord parce que cela est juste,
et de plus, parce qu'en effet il lui importe de le bien connoître.
Les aristocrates ne peuvent être, à l'insçu de plusieurs d'entr'eux,
que les auxiliaires des monarchistes qui triompheroient inévitable-
ment et l'emporteroient sur tout, si jamais les démocrates suc-
comboient.

éclairât sur les dangers de *l'opinion* qui y est *exposée,* ne prétendant pas *y tenir si elle présentoit le moindre inconvénient.* —— Je n'ai pas la prétention de vous éclairer, je doute d'ailleurs que vous ayez besoin de l'être ; mais je crois remplir un devoir en publiant mes pensées sur votre écrit. Je ne l'ai que depuis six jours ; je n'y ai pas mis de retardement.

Je vous quitte , et j'abandonne Delacroix le *Spectateur* aux réflexions du citoyen Delacroix; car l'homme est souvent bien meilleur que son écrit (1) ne paroît l'être. Votre dernier ouvrage est trop présent encore à votre esprit, pour que vous ne sentiez pas que tout démocrate y trouveroit matière à beaucoup d'autres reproches contre vous , et qu'il me seroit facile aussi de pousser plus loin les conséquences de ceux que je vous ai faits. Mais je respecte vos intentions, que je ne veux pas croire blâmables ; je respecte sur-tout votre position. Plusieurs passages de votre écrit prouveroient qu'en ce genre vous avez une sensibilité moins délicate ; mais, en fait de bonhomie et de généreux pardon , il est dans l'ordre en effet que l'aristocrate reste au-dessous du patriote sincère.

P. A. ANTONELLE.

21 pluviôse, an 3.

---

(1) Souvent aussi l'homme est meilleur au fond que ses actions même, sur-tout dans des momens de tourmente et de vertige , et dans les crises de l'exaspération. Pourquoi donc se plaire à les perpétuer par des placards, des journaux, des récits et des contes, tous bien empoisonnés et bien excitateurs ?... —— Hélas ! à quoi tient la moralité des plus excellens naturels ?... et comment ne voit-on pas qu'un seul degré de bouillonnement de trop , peut tout-à-coup précipiter une jeunesse généreuse et bonne dans des excès qui feroient ensuite son désespoir !...